Sabine Pauli / Andrea Kisch

Geschickte Hände zeichnen 3

Grafomotorische Übungen für Menschen von 8 bis 88 Jahren

Sabine Pauli / Andrea Kisch

Geschickte Hände zeichnen 3

Grafomotorische Übungen für Menschen von 8 bis 88 Jahren

Mit Download-Material
Ergänzungen zu den Blöcken 3 + 4
KIPAS

verlag modernes lernen

Online-Material zu diesem Buch

So einfach geht's

- *Materialseite* **verlag-modernes-lernen.de/buecher/online-material** *aufrufen*
- *Buchcode eingeben und Download starten*

Ihr Buchcode: 202cb962

Informationen über die dreiteilige Zusatzausbildung „Fachtherapeut/in für Fein- und Grafomotorik nach Kisch": www.fein-grafomotorik-fortbildung.de

Veröffentlicht in der Edition:
verlag modernes lernen Borgmann GmbH & Co. KG
Schleefstraße 14
D-44287 Dortmund

5., erweiterte Auflage 2021

Gesamtherstellung: Löer Druck GmbH, Dortmund

Bestell-Nr. 1080
ISBN 978-3-8080-0907-9

Inhalt

Einführung

Das Zeichenprogramm bietet auf 64 Arbeitsblättern grafomotorische Übungen für Menschen von 8 – 88 Jahren. Mit den Übungen können Kinder, Jugendliche und Erwachsene ihre grafomotorischen Kompetenzen zielgerichtet verbessern. Ein Teil des Programms wurde in Anlehnung an den **RAVEK** (Ravensburger Erhebungsbogen fein- und grafomotorischer Kompetenzen) Ballon 3 und 4 konzipiert (Buch: RAVEK Handbuch, verlag modernes lernen). Somit bietet das Zeichenprogramm die Möglichkeit, an den erfassten Schwierigkeiten zu arbeiten. Systematisch aufgebaute Übungen zu den Formen der Schrift bilden die Grundlage, eine flüssige, gleichmäßige Schrift zu erwerben. Über die häufige Wiederholung der geübten grafomotorischen Bewegungsmuster und die erhöhte Aufmerksamkeit während der Übungen kommt es zu einer Verbesserung der kortikalen Repräsentation, zur Automatisierung der kontrollierten Bewegungen und zu einem gleichmäßigen Schreibtempo. Der Einsatz des Zeichenprogramms setzt voraus, dass der Schriftspracherwerb weitgehend abgeschlossen ist und keine gravierenden Bewegungsauffälligkeiten und Wahrnehmungsstörungen bestehen.

Folgende Schwierigkeiten erschweren das ausdauernde, flüssige und automatisierte Schreiben in einer gut leserlichen Schrift:

- Tonusprobleme oder taktil-kinästhetische Wahrnehmungsprobleme
- Störungen der Auge-Handkoordination / augenmotorische Probleme
- Feinmotorische Koordinationsstörungen
- Auffällige Stifthaltungen
- Mangelnde Automatisierung der Buchstaben / Buchstabenverbindungen
- Zu langsames / zu schnelles Schreiben
- Bewegungsführung zu wenig aus den Fingern heraus
- Schmerzen in Fingern, Handgelenk oder Schulter

Grafomotorik / Schreibmotorik

Es wird zwischen dem langsamen Zeichnen von Buchstaben (Grafomotorik) und dem flüssigen Schreiben (Schreibmotorik) unterschieden.

Der Begriff **Grafomotorik** beschreibt die motorischen Voraussetzungen für das spätere schnellere Schreiben. Zu Beginn des Schreibenlernens steht zunächst das langsame „Zeichnen" von Buchstaben und die exakte Wiedergabe der Buchstabenformen im Mittelpunkt. Der Übergang einer langsameren und formorientierten Grafomotorik in eine flüssige, dynamische Schreibmotorik ist normalerweise nicht Gegenstand des Schreibunterrichts. Man hofft, dass sich das flüssige Schreiben im Verlauf des vermehrten Schreibens irgendwann von selbst einstellt. Das ist aber oft ein fataler Trugschluss. Viele Kinder entwickeln genau an diesem Übergang gravierende Schreibprobleme und eine unleserliche Schrift. Dabei verschärft die vorherige Betonung der möglichst genauen Einhaltung der Schriftform und der Lineaturen das Problem zusätzlich.

Als **Schreibmotorik** werden die motorischen Prozesse bezeichnet, die die Grundlage einer flüssigen Handschrift sind. Der Unterschied besteht darin, dass beim Zeichnen der Buchstaben die Formkontrolle im Mittelpunkt steht, während beim Schreiben die Motorik dominiert und die Form eine Folge der zuvor gelernten automatisierten Bewegungen ist. Die Buchstabenformen entstehen beim Schreiben also direkt aus der „Bewegungserinnerung" heraus. Diese Bewegungserinnerung entsteht dadurch, dass sich durch häufige Wiederholung Bewegungs- und Koordinationsmuster ausprägen und zunehmend automatisieren. Dadurch ist eine zunehmende bessere Koordination und Temporegulierung der Schreibbewegung möglich.

Die Forschungen und Veröffentlichungen von Dr. Christian Marquardt und Norbert Mai (†) bilden den theoretischen Hintergrund der Zeichenprogramme „Geschickte Hände zeichnen 3 und 4, grafomotorische Übungen für Menschen von 8–88 Jahren".
Die Art der Übungsteile basiert auf unserer jahrzehntelangen Arbeit und Erfahrung mit schreibmotorisch auffälligen Kindern und Jugendlichen.

Die Übungsblätter des Zeichenprogramms sind schlicht, ohne ausschmückende Motive gehalten, um in der Arbeit mit älteren Kindern, Jugendlichen und Erwachsenen keine kindhaften Vorlagen zu haben. Von Therapeuten können die Arbeitsblätter bei Bedarf in Spielhandlungen oder Geschichten eingebunden und mit motorischen bzw. Wahrnehmungsübungen abwechselnd eingesetzt

werden. So ist ein zielgerichtetes, spielerisches Arbeiten, nach unserem „**Ravensburger Therapiekonzept**", möglich. Viele Anregungen hierzu enthalten unsere Bücher „Geschickte Hände – Handgeschicklichkeit bei Kindern", Best.-Nr. 1609, „Spiele zur Förderung der Handgeschicklichkeit und Grafomotorik" Best.-Nr. 1617 und „Ganz schön schräg", Best.-Nr. 1282, verlag modernes lernen.

Weiterhin sollten mit Kindern und auch Jugendlichen zusätzlich Übungen zur Hand- und Fingergeschicklichkeit durchgeführt werden. Viele Anregungen hierzu enthält unser Buch „Die Ravensburger Feinmotorikkiste" (Best.-Nr. 1093), verlag modernes lernen.

Zur Durchführung sämtlicher Übungen ist eine aufgerichtete, physiologische Sitzhaltung wichtig, damit der Arm locker horizontal mitbewegt werden kann. Die Handkante soll aufliegen und die Bewegungen überwiegend aus den Fingergelenken und dem Handgelenk durchgeführt werden.

Es sollte nicht länger als 10–15 Minuten am Stück geübt werden.

Hinweis:
Das Zeichenprogramm „Geschickte Hände zeichnen 4 – Grafomotorische Übungen für Menschen von 8–88" enthält vielfältige Varianten mit zum Teil steigendem Schwierigkeitsgrad zu allen Übungsteilen aus „Geschickte Hände zeichnen 3 – Grafomotorische Übungen für Menschen von 8–88", Best.-Nr. 1082.
Während die Zeichenprogramme „Geschickte Hände zeichnen 3 und 4" vorgegebene Muster enthalten, sind Arbeitsblätter ohne Mustervorgaben über einen Link erhältlich (s. Seite 3).
Damit können die Übungen aus beiden Blöcken ergänzt, erweitert und vertieft werden. Vor allem, wenn bestimmte Formen, Muster oder auch Buchstaben und Buchstabenkombinationen Schwierigkeiten bereiten, ist hiermit ein systematisches, individuelles Arbeiten möglich.
In den KIPAS ohne Mustervorgabe kann direkt an der Schrift, mit Buchstaben, Buchstabenkombinationen, Wortteilen, Wörtern oder auch Texten gearbeitet werden.

Übungsteile des Zeichenprogramms

- **Skalierungsübungen** schulen das Einteilen von Flächen, das Halten und Ändern von Richtungen und Größen über die visuelle Kontrolle und die kinästhetische Wahrnehmung (S. 16–21).

- **KIPAS** (nach **KI**sch / **PA**uli) geben eine leichte visuelle Unterstützung beim Üben, ohne die individuelle Größe durch Linienbegrenzungen festzulegen. Der reine Weißbereich zwischen den grauen Bereichen entspricht der Linienvorgabe, die häufig in der 3. Klasse eingesetzt wird (S. 22–50).

  Beim Arbeiten in den **KIPAS** soll der einzelne Übende individuelle Gestaltungsmöglichkeiten in folgenden Bereichen haben:
  - Leichte Größenabweichungen innerhalb des freien weißen Bereichs: Die gefundene individuelle Größe des Musters oder der Schrift sollte in etwa beibehalten werden
  - Individuelle Größengestaltung der Ober- und Unterlängen
  - Leichte individuelle Schrägstellung der Muster / Schrift nach links oder rechts
  - Je nach Ausführungsbreite der Einzelmuster können bei den zusammenhängenden Mustern 2 oder 3 verbunden werden. Längeres Verbinden führt zu Verkrampfungen der Finger und der Hand

In den **KIPAS** kann auch gezielt in Variationen des Tempos gearbeitet werden. Dazu werden die Muster verlangsamt und beschleunigt ausgeführt. Um flüssig zu schreiben, ist ein „gewisses" Tempo erforderlich: Bei einem zu geringen Tempo ist die Schrift leicht verzittert und bei zu großer Geschwindigkeit kann nicht rechtzeitig abgebremst werden.
Das Problem beim Schreiben in den normierten Lineaturen der ersten 3 Grundschulklassen ist, dass sie das Schreiben extrem verlangsamen, da es nur mit starker visueller Kontrolle ausgeführt werden kann. (Unser Buch „Schreibstörungen bei Kindern erkennen und behandeln", verlag modernes lernen.)

Hinweis: Aufgrund der wissenschaftlichen Studien von Mai und Marquardt sind die Vorlagen nicht mit starren Linien ausgestattet. Somit kann die Dynamisierung der Schreibbewegung gefördert werden. Die KIPAS geben durch die grauen Bereiche eine leichte visuelle Unterstützung, die weißen Zwischenräume für die Größenvariationen sollen keinesfalls exakt am Farbwechsel getroffen werden, und die grauen Bänder für die Richtungswechsel geben Spielraum für flüssiges Wiedergeben der Vorgaben.

- Durch die Übungen zur **Größenvariation** wird das Ausmaß und die zielgerichtete Dosierung der Schreibbewegung aus den Fingern verbessert. Nur, wenn die Schreibbewegungen gut koordiniert und aus der Kombination von Handgelenk- und Fingerbewegungen erfolgen, gelingt es, locker, ausdauernd, anstrengungsfrei und leserlich zu schreiben (S. 51–62).

- Die Übungen zum **Richtungswechsel** fördern die Anpassung und das Bewegungsausmaß des Handgelenks. So können Handgelenk- und Fingerbewegungen in idealer, physiologischer Weise koordiniert werden (S. 63–74).

- Über die **Motivblätter** können unterschiedliche grafomotorische Muster in sämtliche Richtungen geübt werden. Sie enthalten Muster- / Formenvorgaben und leere Felder zur individuellen Gestaltung. Durch die häufige Wiederholung der einzelnen Muster und Formen steigt die Sicherheit in der Wiedergabe (S. 75–79).

- Das als **Belohnungssystem** konzipierte Glas mit Gummibärchen unterstützt Kinder, motivierter zu üben (S. 80). (Weitere Belohnungsblätter befinden sich im Block „Geschickte Hände zeichnen 4".)
  Für jedes sorgfältig durchgeführte Arbeitsblatt wird ein Motiv im Glas ausgemalt. Wenn das Glas „voll" ist, wird zusammen mit den Eltern eine vorher vereinbarte Belohnung eingelöst (z. B. ein Ausflug ohne die Geschwister oder die Erfüllung eines kleinen, ersehnten Wunsches).

Erfassung grafo- und schreibmotorischer Auffälligkeiten mit dem RAVEK-S

(**Raven**sburger Erhebungsbogen grafo- und **s**chreibmotorischer Auffälligkeiten)

Der **RAVEK-S** ist als Beigabe im Buch „Schreibstörungen bei Kindern erkennen und behandeln" als Download enthalten.
Gesamtausgabe Buch mit RAVEK-S: Bestell-Nr. 1294

Mit dem Erhebungsbogen können die Schreibschwierigkeiten von Kindern und Jugendlichen systematisch und übersichtlich erfasst werden.

Er besteht aus folgenden Teilen:
- Infoblatt „Was ist der RAVEK-S"
- Erhebungsbogen für Therapeut/in
- Fragebogen für Eltern
- Fragebogen für Schüler/in
- Fragebogen für Lehrer/in Klasse 1-4
- Fragebogen für Lehrer/in ab Klasse 5
- Ballon 3 und 4 aus dem RAVEK (Ravensburger Erhebungsbogen fein- und grafomotorischer Kompetenzen, verlag modernes lernen, Best.-Nr. 1619)

Der RAVEK-S kann die Grundlage zur Behandlungsplanung bei schreibmotorischen Auffälligkeiten bilden, aber auch zur Verlaufskontrolle und als Grundlage für Berichte eingesetzt werden.

Infoblatt „Was ist der RAVEK-S?“

Der **Rav**ensburger **E**rhebungsbogen grafo- und **s**chreibmotorischer Auffälligkeiten ist das erste deutsche Befundinstrument zur übersichtlichen und systematischen Erfassung von Schreibproblemen.

Er wurde aus den Erfahrungen der jahrelangen Arbeit mit schreibauffälligen Kindern und Jugendlichen von den Ergotherapeutinnen und Autorinnen Sabine Pauli und Andrea Kisch entwickelt, ist 2010 als CD-ROM erschienen und wurde 2016 komplett überarbeitet.

*Der **RAVEK-S** besteht aus folgenden Teilen:*

- Erhebungsbogen für Therapeut/innen
- Fragebogen für Eltern
- Fragebogen für Schüler/innen
- Fragebogen für Lehrer/innen

Durch einfaches Ankreuzen auf dem Erhebungsbogen für Therapeut/innen werden Beobachtungen während der Durchführung des RAVEK-S dokumentiert. Somit werden die möglichen Ursachen der Schreibprobleme systematisch ermittelt.

Zudem werden Schriftproben aus Heften analysiert und die Schüler/innen zu ihren Schwierigkeiten befragt.

Aus diesen Ergebnissen und den Angaben der Eltern und Lehrer/innen gilt es, die Schwierigkeiten heraus zu kristallisieren. Daraus wird das individuelle Therapie-/Förderkonzept entwickelt und für alle Beteiligten transparent dargestellt. Die Zusammenarbeit zwischen den Schüler/innen, Eltern und Lehrer/innen und systematisches häusliches Üben ist für den Therapie-/Fördererfolg unbedingt erforderlich.

Über die Zusammenführung aller gewonnenen Informationen ist somit ein gezieltes Training direkt an der Schrift unter Einsatz der Förder- und Therapiematerialien „Geschickte Hände zeichnen 3 und 4“ (Bestell-Nr. 1080 und 1082) sowie dem Verbrauchsblock „KIPAS“ (Bestell-Nr. 1084) und mit den feinmotorischen Übungen zur Fingergeschicklichkeit aus dem Buch „Die Ravensburger Feinmotorikkiste“ möglich (Bestell-Nr. 1093).

Andrea Kisch
Info und Kontakt: www.fein-grafomotorik-fortbildung.de

RAVEK-S

Ravensburger Erhebungsbogen grafo- und schreibmotorischer Auffälligkeiten

Erhebungsbogen für Therapeut/in **Datum:**

Name: **geb. am:**

Händigkeit: **rechts** **links** **wechselnd**

Schule: **Klasse:**

Brille/Kontaktlinsen (seit wann) Sehproblem Dioptrien

Wann wird Brille/werden Kontaktlinsen getragen?

Wer empfindet die Schreibprobleme? (Beschreibung der formulierten Schreibprobleme)

Schüler/in
Eltern
Lehrer/in
andere Person – welche

Durchgeführte Beobachtungen (mit Datum)

Buchstabendiktat
Abschrift eines Textes
Diktat
RAVEK Ballon 3
RAVEK Ballon 4

Sitzposition/Auffälligkeiten

Oberkörper aufgerichtet	ja	nein
Becken aufgerichtet	ja	nein
Oberkörper zusammengesunken	ja	nein
Kopf mit Hand abgestützt	ja	nein
Schreibarm locker aufliegend	ja	nein
Gewicht auf Schreibarm	ja	nein
Sitzposition häufig verändert	ja	nein

wackelt mit den Beinen	ja	nein
Fußsohlen aufgestellt	ja	nein
Zehen aufgestellt	ja	nein
Füße zappeln unter dem Tisch	ja	nein
Füße um Stuhlbeine geschlungen	ja	nein

Augenabstand angepasst	ja	nein
Augen sehr nah am Papier	ja	nein
Augen sehr weit weg vom Papier	ja	nein

sonstige Auffälligkeiten	welche	

Spontane Blatt-/Heftlage

schräg	rechts geneigt	links geneigt
gerade	ja	nein
häufig verändert	ja	nein
Mittellinienkreuzung	ja	nein
Blatt mit der anderen Hand festgehalten	ja	nein
sonstige Auffälligkeiten	welche	

Stifthaltung

Dreipunktgriff
Vierpunktgriff
wechselnd
Daumen überschlagen
Schlüsselgriff
sonstige (genau beschreiben/evtl. Foto einfügen)

Schriftanalyse (Schriftproben/Kopien aus Schulheften anfügen)

Ungenauigkeiten in der Schrift (regelmäßig/ab und zu)

Buchstaben-/Zahlenformen unbekannt (unsicher)	welche	
Buchstabenverbindungen stimmen nicht	welche	
Buchstabengrößen stimmen nicht	welche	
Oberlängen/Unterlängen stimmen nicht	welche	
Buchstaben/Zahlen werden gespiegelt	welche	
Buchstaben falsch in Linien positioniert	welche	
Linie wird eingehalten	ja	nein
Karo wird eingehalten	ja	nein

Wie schreibt der/die Schüler/in ab (aktuellen Schultext benutzen)

einzelne Buchstaben
Wortteile/ganze Worte
Satzteile/ganze Sätze

Schreibdruck auf das Papier

angepasst
zu hoch
zu schwach
wechselnd

Druck auf den Stift

angepasst
zu hoch
zu schwach
wechselnd

Schreibbewegung überwiegend aus

Handgelenk und Fingergelenken
den Fingern
dem Handgelenk
dem ganzen Arm

Beobachtetes Schreibtempo

angepasst	
auffallend langsam	wann
auffallend schnell	wann

Abfrage Schüler/in/Eltern innerhalb der Therapie/Förderung

Schreibwerkzeug (Schule/Hausaufgaben)

Bleistift dünn/dick
Füller (Markenname)
Tintenroller/Faserstift (Markenname)
Kugelschreiber
Stiftverdickung
bevorzugter Stift bei freier Wahl

Bei welcher Schrift treten die Probleme auf?

Druckschrift
Verbundene Schrift

Wann treten die Schwierigkeiten auf?

immer
bei großer Schreibmenge
bei hohem Schreibtempo
unter Stress (Test/Klassenarbeit/Zeitdruck)

Welche Schrift wird bevorzugt?

Druckschrift
Verbundene Schrift
Mischform beider Schriften

Schreibt Schüler/in gern? ja nein

Vermeidet Schüler/in zu schreiben? ja nein

Gibt es Schwierigkeiten beim Abschreiben von der Tafel? ja nein welche

RAVEK-S

Ravensburger Erhebungsbogen grafo- und schreibmotorischer Auffälligkeiten

Fragebogen für Eltern **Datum:**
Bitte ausfüllen und an Therapeut/in zurückgeben

Name Ihres Kindes: **geb.:**

Welche Probleme hat Ihr Kind beim Schreiben?

Haben Sie eine Erklärung für die Ursachen des Schreibproblems?

Seit wann bestehen die Probleme?

Wurden individuelle unterstützende Maßnahmen durchgeführt?
(Z. B. Förderkurs, Nachhilfe, Therapie)

Wie lange wurde die Maßnahme durchgeführt? (Mit welchem Ergebnis?)

Seit wann ca. schreibt Ihr Kind in der verbundenen Schrift?

Gab es beim Wechsel zur verbundenen Schrift Schwierigkeiten? (Welche?)

Zusätzliche Mitteilungen

Schweigepflichtentbindung
Wir wünschen Kontakt zwischen:

Lehrer/in	**und Therapeut/in**
Tel.:	Tel.:
Mail:	Mail:

Hiermit entbinden wir genannte Personen von der Schweigepflicht

Datum: **Unterschrift der Eltern:**

RAVEK-S
Ravensburger Erhebungsbogen grafo- und schreibmotorischer Auffälligkeiten

Fragebogen für Schüler/in **ab Klasse 3** **Datum:**
Bitte ausgefüllt an Therapeut/in zurückgeben

Name: **Klasse**

Welche Probleme bestehen beim Schreiben?

Schreibtempo im Vergleich zu Mitschüler/innen
gleich langsamer schneller

Stress beim Schreiben
wann
wie zeigt er sich

Abzüge bei den Noten aufgrund von
schwerer Lesbarkeit
fehlender Struktur

Schreib- oder Rechenfehler aufgrund von
schwerer Lesbarkeit
fehlender Struktur
Zeitmangel

Probleme beim Lernen mit den eigenen Aufschrieben?

Einschätzung der Lesbarkeit der Schrift (wer kann sie lesen, wer nicht)

Bevorzugtes Schreibgerät

Bevorzugtes Papier Linien Karos leer

Gibt es eine Ursache/Erklärung für die Schreibprobleme?

Wurden individuelle unterstützende Maßnahmen durchgeführt?
(Z.B. Förderkurs, Nachhilfe, Therapie)

Eigene Lösungsversuche/Ideen zur Verbesserung des Schreibproblems

RAVEK-S
Ravensburger Erhebungsbogen grafo- und schreibmotorischer Auffälligkeiten

Fragebogen für Lehrer/in **Klasse 1–4** **Datum:**
Bitte ausgefüllt an Therapeut/in zurückgeben. Danke für die Zusammenarbeit.
Eine schriftliche Schweigepflichtentbindung der Eltern liegt vor.

Name Schüler/in: **Klasse:**

Name Lehrer/in: **Tel.:**
Mail:

Name Therapeut/in: **Tel.:**
Mail:

Welche Probleme bestehen beim Schreiben?

Haben Sie eine Erklärung für die Ursachen des Schreibproblems?

Wann ca. wurden welche Schriftarten eingeführt?

Druckschrift
Verbundene Schrift

Gab es Vorübungen zur Formerfassung und Formwiedergabe? (Welche?)

Gab es unterstützende Fördermaßnahmen? (Wie lange/mit welchem Ergebnis?)

Schreibtempo im Vergleich zu Mitschüler/innen?
gleich langsamer schneller

Unsichere Buchstabenformen ja welche

Unsichere Buchstabenverbindungen ja welche

Wie ist die Sitzordnung/wo sitzt der Schüler/die Schülerin?

RAVEK-S
Ravensburger Erhebungsbogen grafo- und schreibmotorischer Auffälligkeiten

Fragebogen für Lehrer/in **ab Klasse 5** **Datum:**
Bitte ausfüllen und an Therapeut/in zurückgeben. Danke für die Zusammenarbeit.
Eine schriftliche Schweigepflichtentbindung der Eltern liegt vor.

Name Schüler/in: **Klasse:**

Name Lehrer/in: **Tel.:** **Mail:**

Name Therapeut/in: **Tel.:** **Mail:**

Welche Probleme bestehen beim Schreiben?

Haben Sie eine Erklärung für die Ursachen des Schreibproblems?

Schreibtempo im Vergleich zu Mitschüler/innen?
gleich langsamer schneller

Unsichere Buchstabenformen ja welche

Unsichere Buchstabenverbindungen ja welche

Gab es unterstützende Maßnahmen zur Verbesserung des Schreibproblems?
(Wie lange/mit welchem Ergebnis?)

Geben Sie Abzüge bei den Noten aufgrund von
schwerer Lesbarkeit?
fehlender Struktur?

Wie ist die Sitzordnung/wo sitzt der Schüler/die Schülerin?

RAVEK Ballon 3 – Fortlaufende Grundmuster

RAVEK Ballon 4 – Fortlaufende komplexe Muster

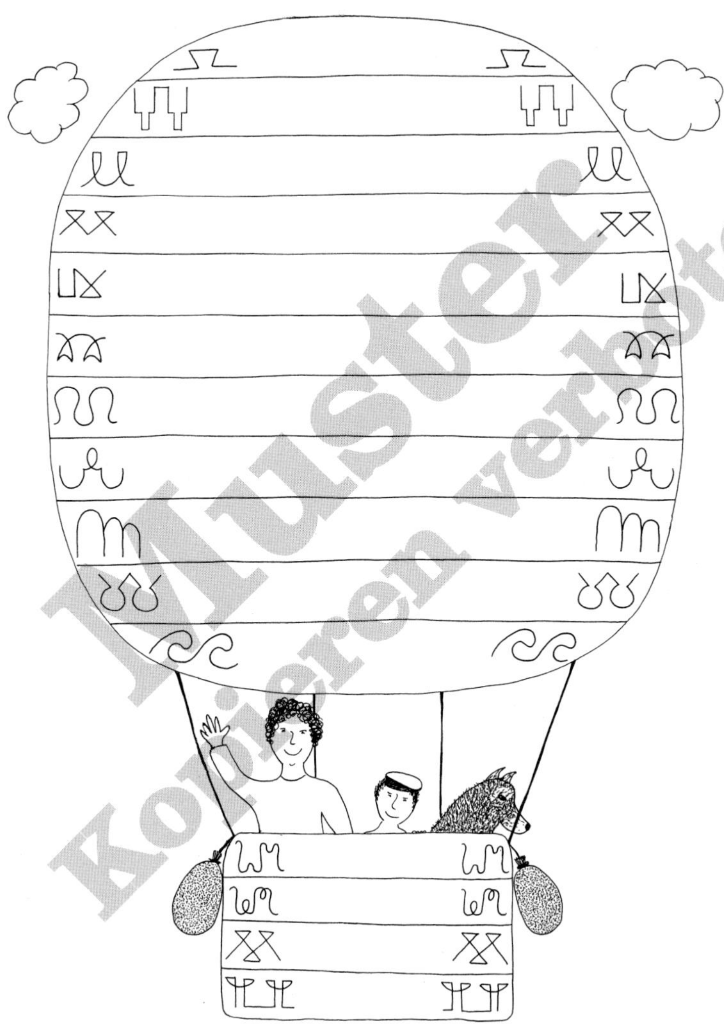

Einsatz der Zeichenprogramme bei Kindern ab 8 Jahren

Bis zum Ende des 2. Schuljahres sollte die Erfassung sowie die form- und richtungssichere Wiedergabe sämtlicher Buchstaben und Buchstabenverbindungen sowie der Zahlen abgeschlossen sein. Danach wird die Schrift automatisiert und zunehmend in Form, Größe und Richtung individueller gestaltet. Das Tempo kann gesteigert werden und ausdauerndes Schreiben ohne größere Anstrengung sollte möglich sein. Darüber kann sich das Kind zunehmend der Rechtschreibung und dem Inhalt des Geschriebenen zuwenden.
Wenn über diesen Zeitraum hinaus noch Probleme mit der Formerfassung und der Raumlage bestehen oder feinmotorische Probleme eine sichere Stifthaltung oder die fein dosierte Bewegungsführung beeinträchtigen, brauchen Kinder und Jugendliche ein individuell auf ihre Schwierigkeiten abgestimmtes schreibmotorisches Training. Dabei gilt es, grundlegende Bewegungsauffälligkeiten und Wahrnehmungsstörungen zu erkennen und über ein breit gefächertes Therapieangebot die Schreibfähigkeit zu verbessern.
Zusätzlich zu dem allgemeinen Training der schreibmotorischen Fähigkeiten mit den Zeichenprogrammen *„Geschickte Hände zeichnen 3 und 4“* ist das systematische Üben problematischer Buchstabenverbindungen unbedingt erforderlich.
Dies ist nach einer ausführlichen Analyse von Schriftproben möglich.

Viele Kinder haben während des gesamten Schreiblernprozesses Schwierigkeiten, ihre Schrift in die vorgegebenen Linien der jeweiligen Klassenstufe einzufügen. Ihre Bewegungen sind, bedingt durch ihre anatomischen Gegebenheiten und ihr individuelles Bewegungsausmaß, kleiner oder größer als es die normierten Linien vorgeben.
So kommen sie nicht in ein dynamisches, automatisiertes Schreiben, bleiben langsam und müssen ständig in einer für sie nicht ökonomischen Weise schreiben. Unsere KIPAS haben wir deshalb ohne begrenzende Linien konzipiert. Somit können und sollen die Kinder / Jugendlichen ihre persönliche Schriftgröße und ihr individuelles Schreibtempo entwickeln. Studien von Norbert Mai (†) und Dr. Christian Marquardt haben ergeben, dass die Vorgabe von exakten Linien schnelles, flüssiges und automatisiertes Schreiben erschwert oder gar verhindert.

Einsatz der Zeichenprogramme bei Linkshändern

Damit Linkshänder mit ihrer Schreibhand auf der linken Blattseite die Vorgaben nicht verdecken, wurden sie bewusst über die jeweilige Aufgabe gezeichnet. Da das gleichmäßige Nachrutschen der Hand nach ca. drei Formen / Buchstaben notwendig wird und Unterbrechungen auch für Rechtshänder ein entspanntes Schreiben ermöglicht, wurden die Muster auf kurze Sequenzen beschränkt. So wird der natürliche Schreibrhythmus eingeübt, den auch Schriften von Erwachsenen, die viel schreiben, beinhalten. Das kurze Unterbrechen der Schreibbewegung entspannt die Muskulatur. Dies zu üben bietet die Möglichkeit, es auch beim Schreiben zu übernehmen. Ein entspanntes, schnelles und ausdauerndes Schreiben gelingt nur, wenn nach 2–3 Buchstaben kurze Unterbrechungen (Luftsprünge) stattfinden.

Einsatz der Zeichenprogramme bei Jugendlichen

Ältere Kinder und Jugendliche mit Schreibproblemen brauchen Unterstützung dabei, ihre Schrift in Form, Größe, Richtung und Tempo individuell und ökonomisch zu gestalten.
Es kann hilfreich sein, die Schrift des älteren Kindes / Jugendlichen auf Möglichkeiten der Vereinfachung zu prüfen. Wir nennen dies *„Abspecken der Schrift“*. Das ist eine Schrift mit der Kombination aus Elementen der Druckschrift und der verbundenen Schrift, sowie individuell gefundenen Buchstabenverbindungen aus maximal 2–3 Buchstaben, wie sie die meisten Erwachsenen benutzen. Über einen so genannten Luftsprung, der die Finger- und Handmuskulatur entspannt, wird zur nächsten Buchstabenverbindung übergegangen. Dies ermöglicht ein ökonomisches, schnelleres und entspanntes Schreiben.
Welche Vereinfachungen von Buchstabenformen und -verbindungen sinnvoll sind, muss individuell für jeden Übenden über Schriftproben, Schreibversuche und deren Analyse herausgefunden werden.
Damit die vereinfachten Buchstabenverbindungen automatisiert werden können, müssen diese täglich 10 bis 15 Minuten geübt werden, um die notwendige Geläufigkeit zu erreichen.
Hierfür eignen sich die KIPAS ohne Mustervorlage, die als Download erhältlich sind (s. S. 3). Zur Umstellung der Schrift mit Hilfe eines intensiven Trainings sind Schulferien gut geeignet. Fällt das Training in die Schulzeit, sollte wenn möglich versucht werden, die Schreibmenge der Hausaufgaben zu reduzieren, damit das gezielte Schreibtraining täglich durchgeführt werden kann.

Einsatz der Zeichenprogramme bei Erwachsenen in der neurologischen Rehabilitation

Menschen mit fein- und grafomotorischen Problemen bei neurologischen Erkrankungen haben häufig auch Probleme mit dem Schreiben. Sie schreiben zu langsam, verkrampfen sich oder haben eine schlecht leserliche Schrift. Wenn keine Störungen bei der Erfassung und Wiedergabe der Buchstaben oder deren Serialität bestehen, kann ein Training mit den Übungen der Zeichenprogramme 3 + 4 die Bewegungsabläufe des Schreibens verbessern. So kann die Sicherheit und Flüssigkeit beim Schreiben wieder erlangt werden. Durch die Beobachtung des Patienten während des Schreibens und eine gründliche Analyse der Schriftproben können Probleme eingegrenzt und mit dem betroffenen Patienten das Übungsprogramm besprochen werden. Ergänzend zu den Übungen ist es sinnvoll, immer wieder Lockerungsübungen und lockernde Kritzelübungen durchzuführen und daraus einzelne Buchstaben zu entwickeln, z. B. *e*- und *l*-Schlaufen. Zusammenhängende, längere Texte sollten in dieser Übungsphase zunächst nicht geschrieben werden, da diese von den Patienten meist eher verkrampft ausgeführt werden, so lange die neu zu lernenden Bewegungsmuster noch nicht automatisiert sind.

Einsatz der Zeichenprogramme bei Kindern / Jugendlichen und Erwachsenen in der Handtherapie

Durch Verletzungen oder Erkrankungen der Hand kann das Schreiben erheblich beeinträchtigt sein. So gilt es, außer bzw. nach funktionsverbessernder Er-

gotherapie inkl. sämtlicher handtherapeutischer Maßnahmen wie z. B. Ödembehandlung oder Narbenbehandlung ein zielgerichtetes grafo- / schreibmotorisches Training durchzuführen. Teilweise müssen mit dem Patienten neue Greifmöglichkeiten für die Stifthaltung gefunden werden. Bei manchen Patienten ist dabei der Einsatz eines Stiftaufsatzes oder eines ergonomisch gestalteten Stifts erforderlich. Durch die Beobachtung des Patienten während des Schreibens und eine gründliche Analyse der Schriftproben können Probleme eingegrenzt und mit dem betroffenen Patienten das Übungsprogramm besprochen werden. Zusätzlich zu den Übungen aus den Zeichenprogrammen 3 + 4 ist es sinnvoll, immer wieder kurze Texte zu schreiben. Darüber kann das Geübte übertragen und mehr Geläufigkeit beim Schreiben erreicht werden.

Über die Autorinnen

Sabine Pauli und Andrea Kisch sind staatlich anerkannte Ergotherapeutinnen und seit 1982 bzw. 1989 in ihrer eigenen ergotherapeutischen Praxis niedergelassen. Die jahrelange Behandlung von Kindern und Jugendlichen mit Bewegungsauffälligkeiten sowie Störungen der Fein- und Grafomotorik und die Therapie von schreibauffälligen Kindern und Jugendlichen bilden das Fundament ihrer vielfältigen Erfahrung, die über den fachlichen Austausch mit Lehrerinnen und anderen pädagogischen und therapeutischen Berufsgruppen sowie die Fragen aus der Elternarbeit ergänzt wurde. Daraus und über die umfassende Beschäftigung mit den theoretischen Hintergründen entwickelten sie das „Ravensburger Therapiekonzept“ zur parallelen Förderung der Groß-, Fein-, Grafo- und Schreibmotorik für Ergotherapeut/innen und angrenzende Berufsgruppen.

Beide sind zertifizierte Erwachsenenbildnerinnen nach der Methode Prof. Dr. Wahl, PH Weingarten.

Andrea Kisch ist zertifizierte Linkshänderberaterin nach der Sattler-Methodik zu Händigkeitsfragen (S-MH) und ausgebildet nach E. Kraus / Händigkeitsprofil.

Beide arbeiteten viele Jahre als Fortbildnerinnen der Zusatzausbildung: „Fachtherapeut/in für Fein- und Grafomotorik nach Pauli/Kisch“.

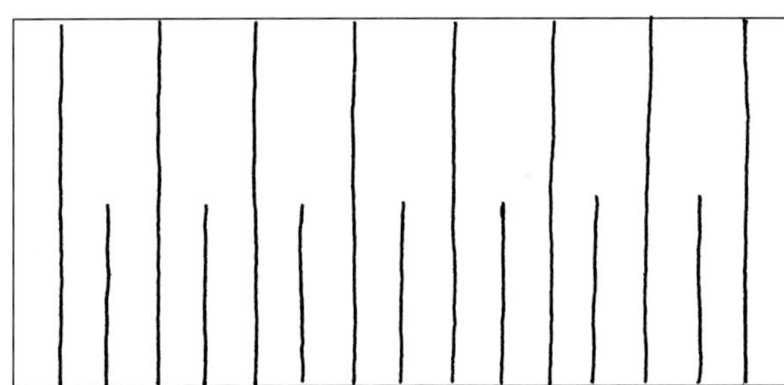

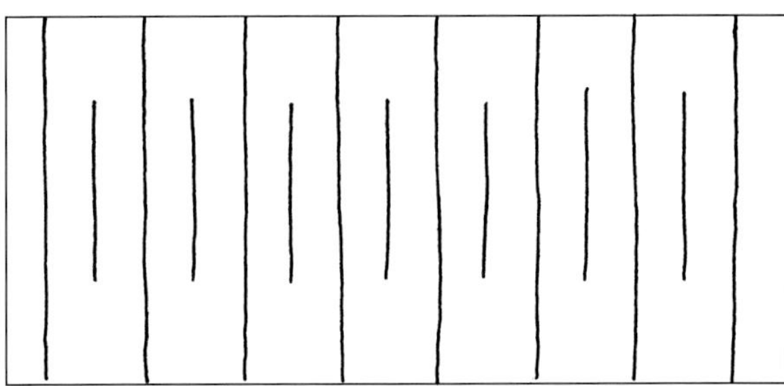

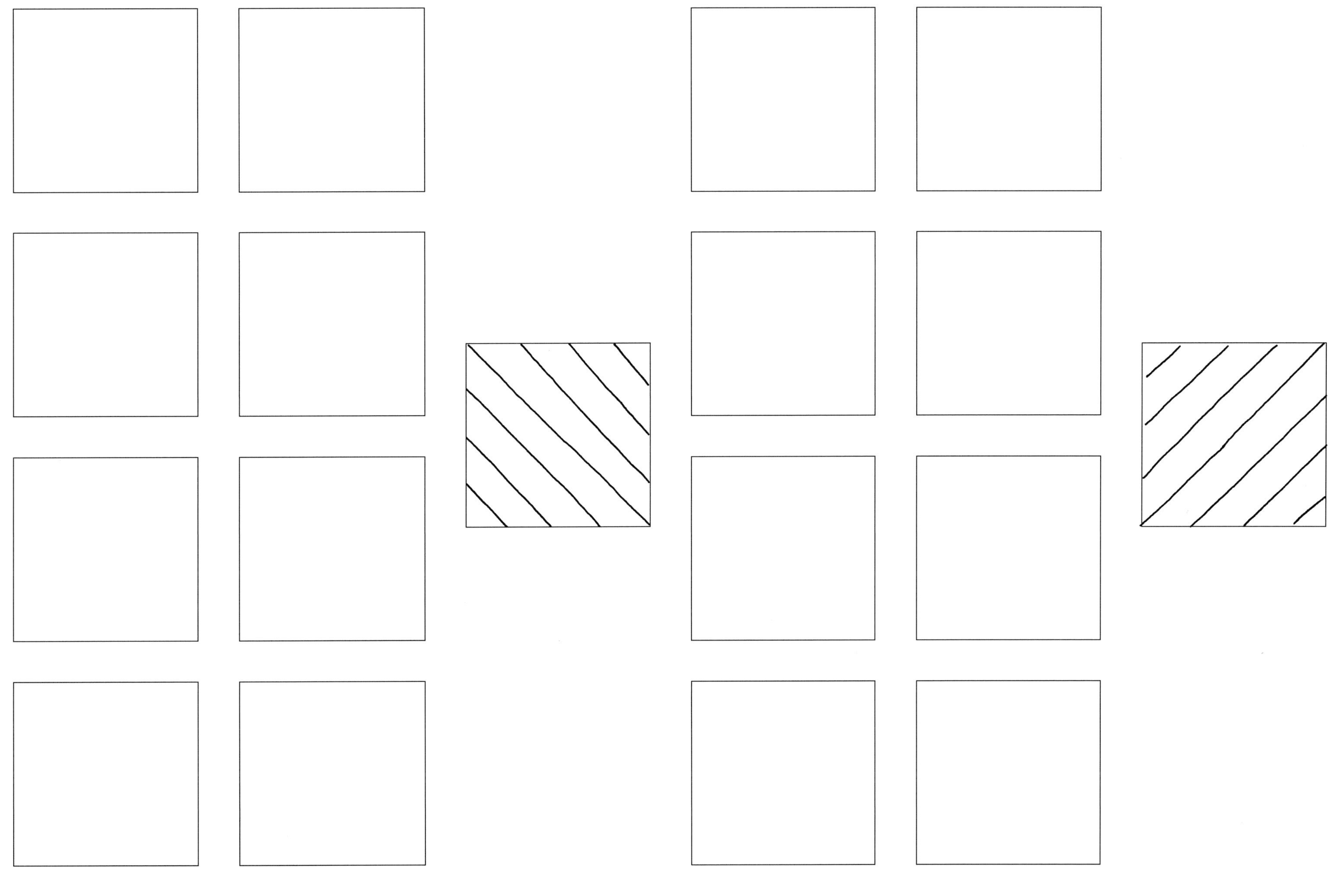

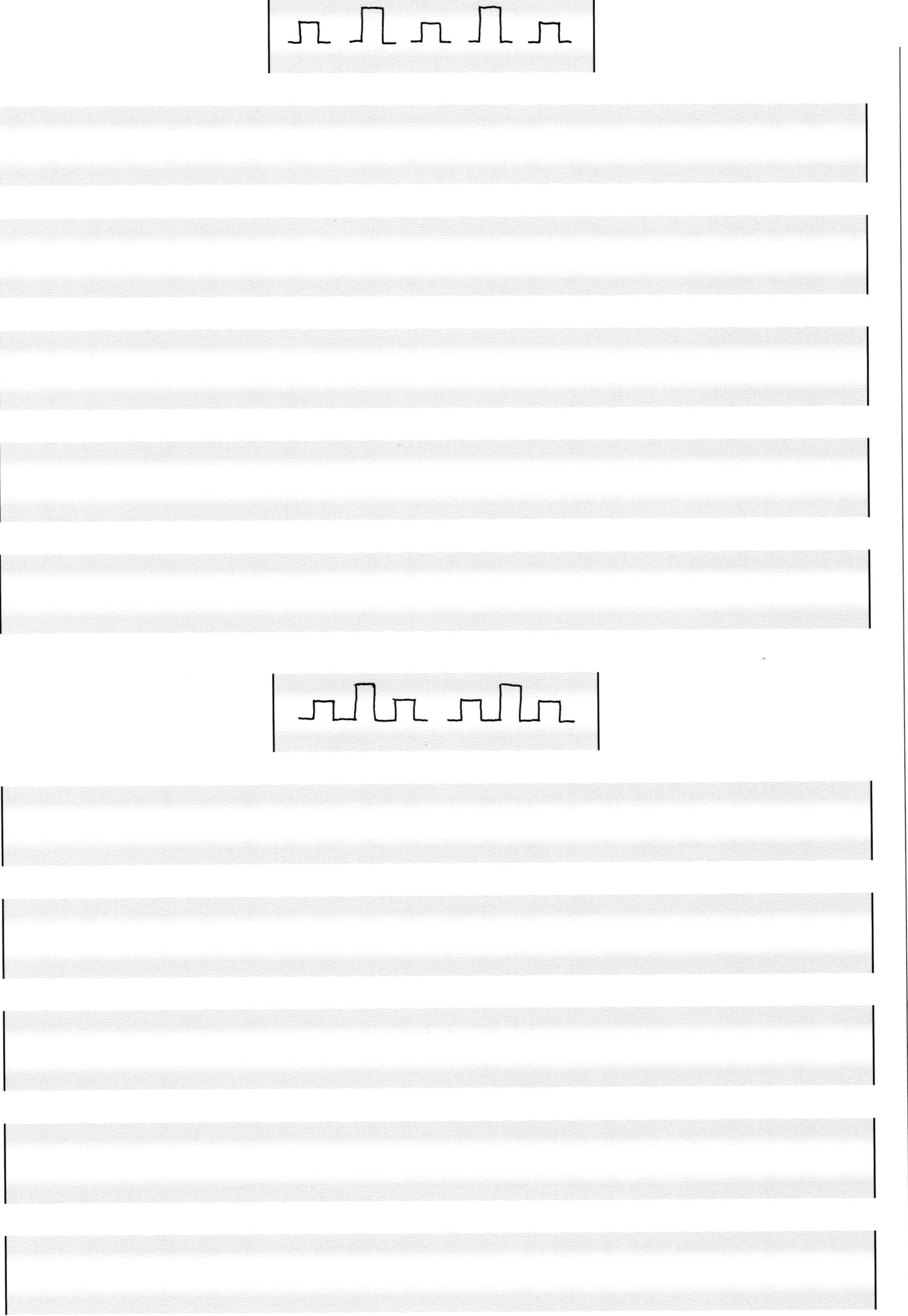

n n n n n n

m m m

m m m

n n

l l l l l

lll lll

e l e l e

ele ele

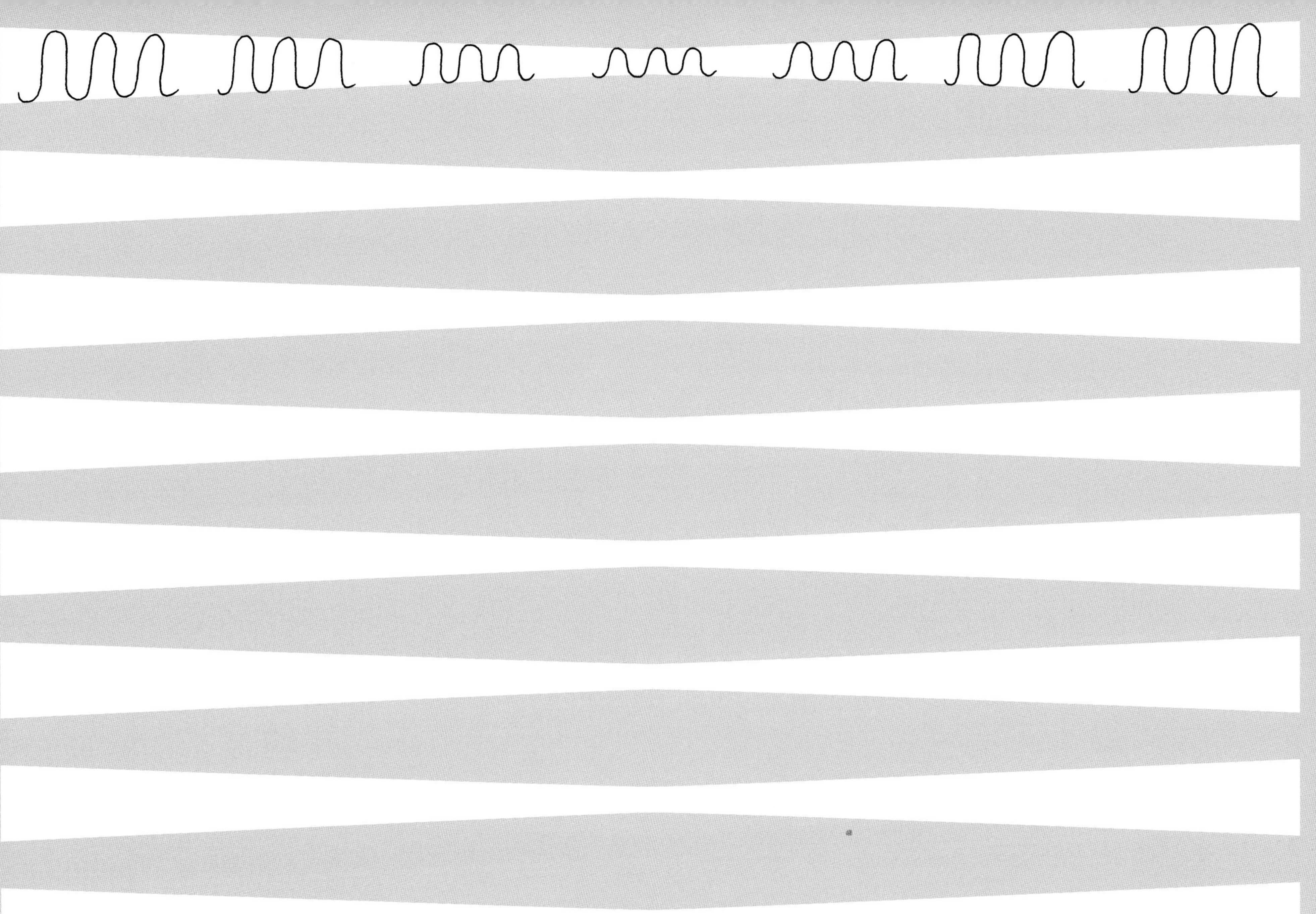

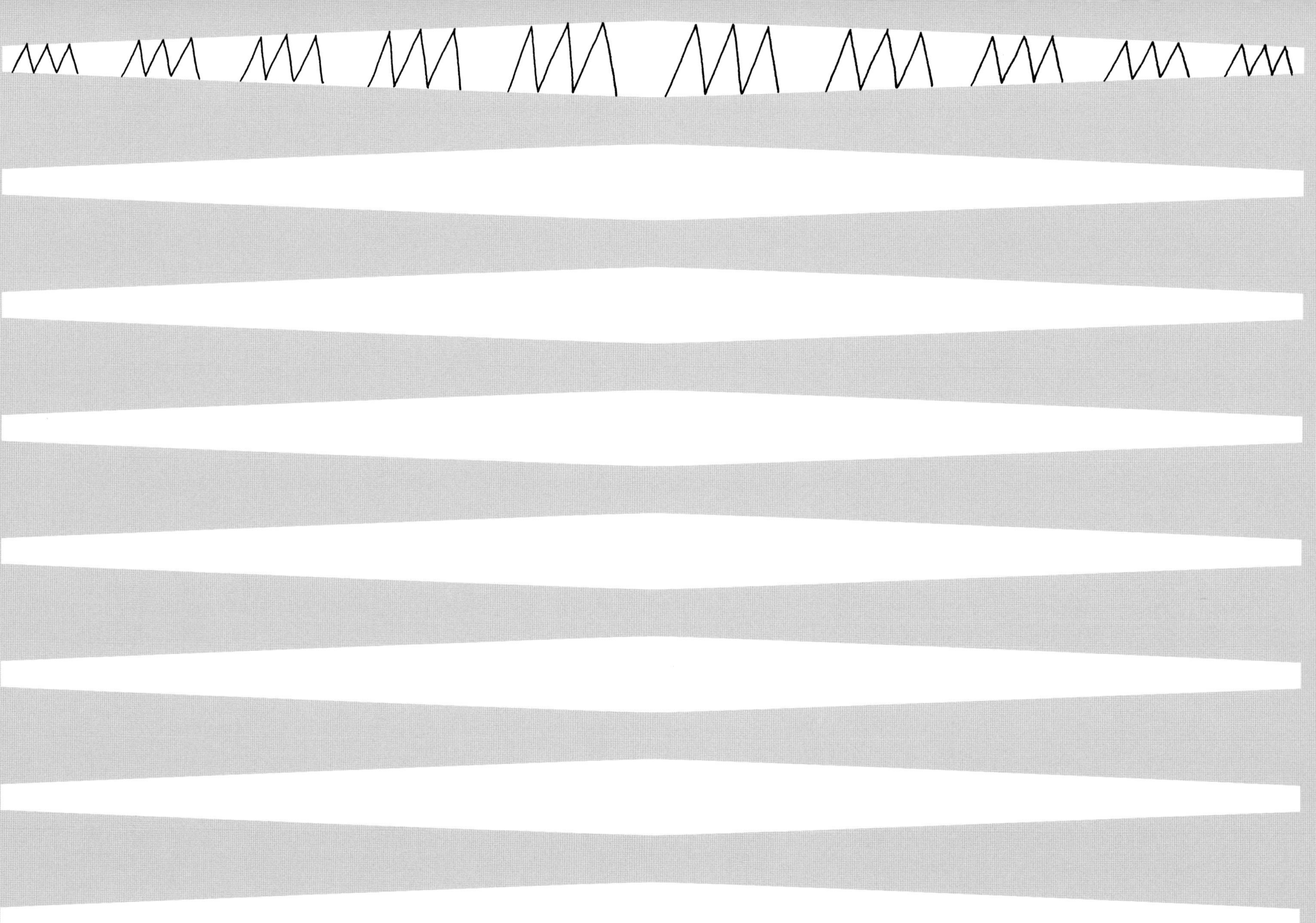

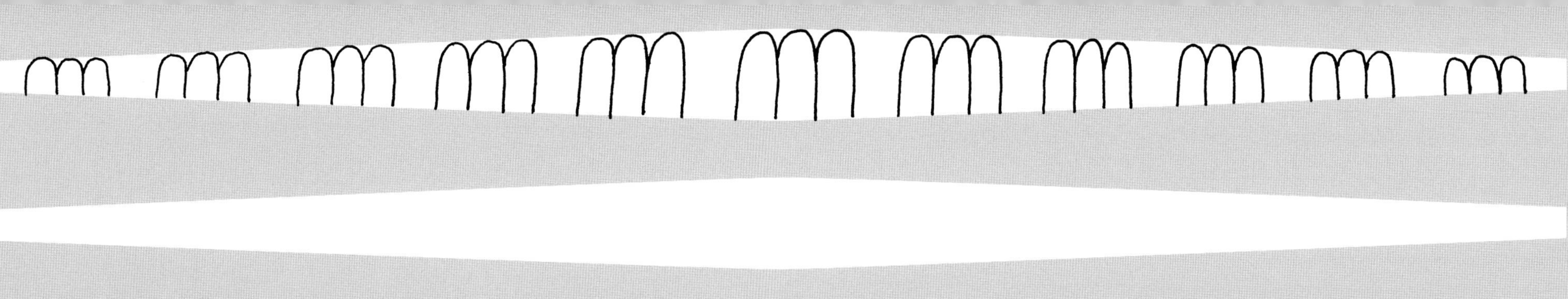

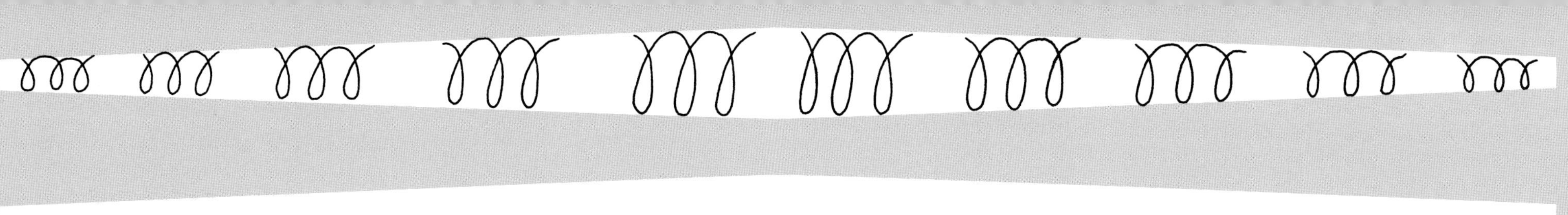

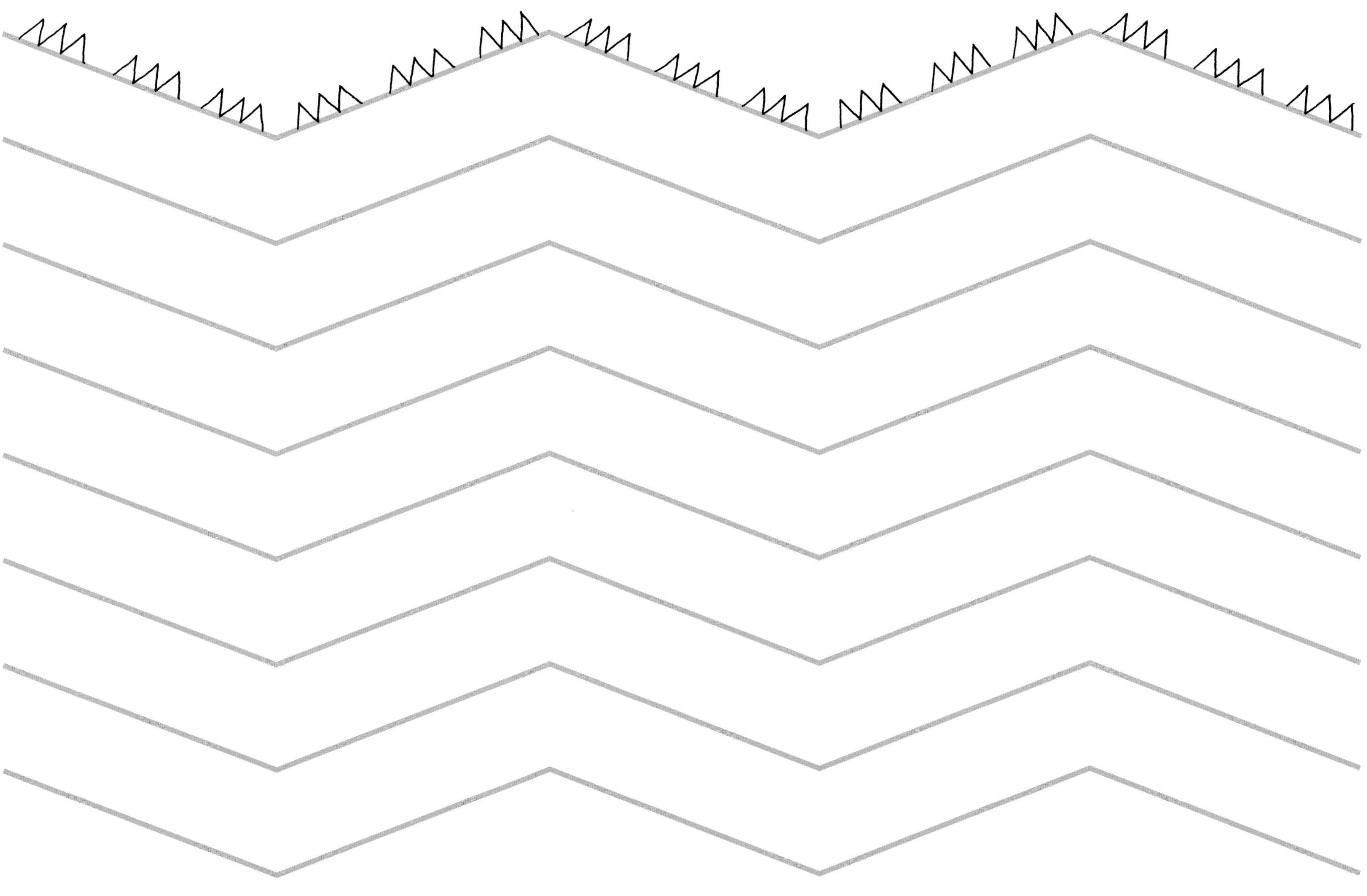

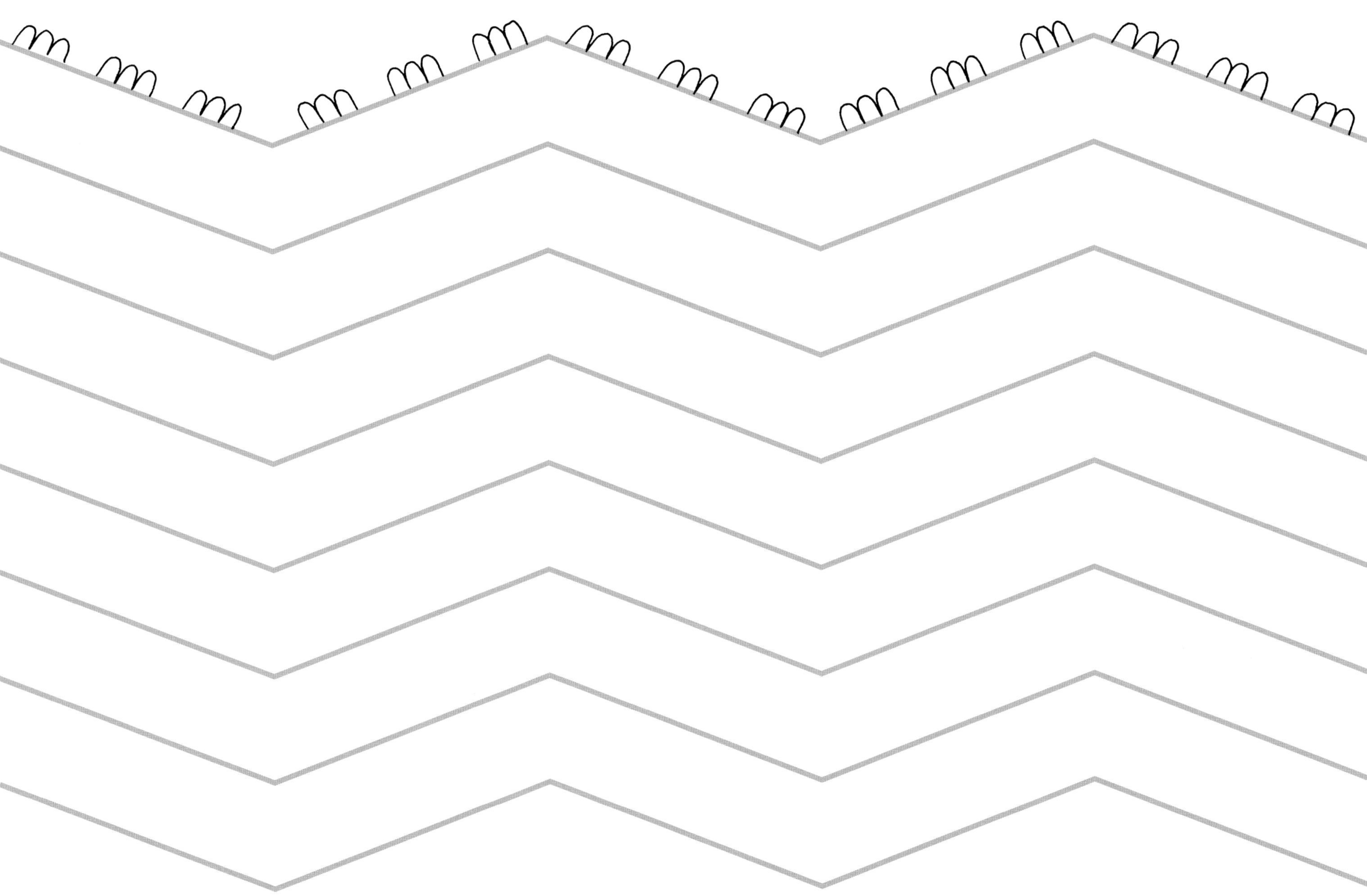

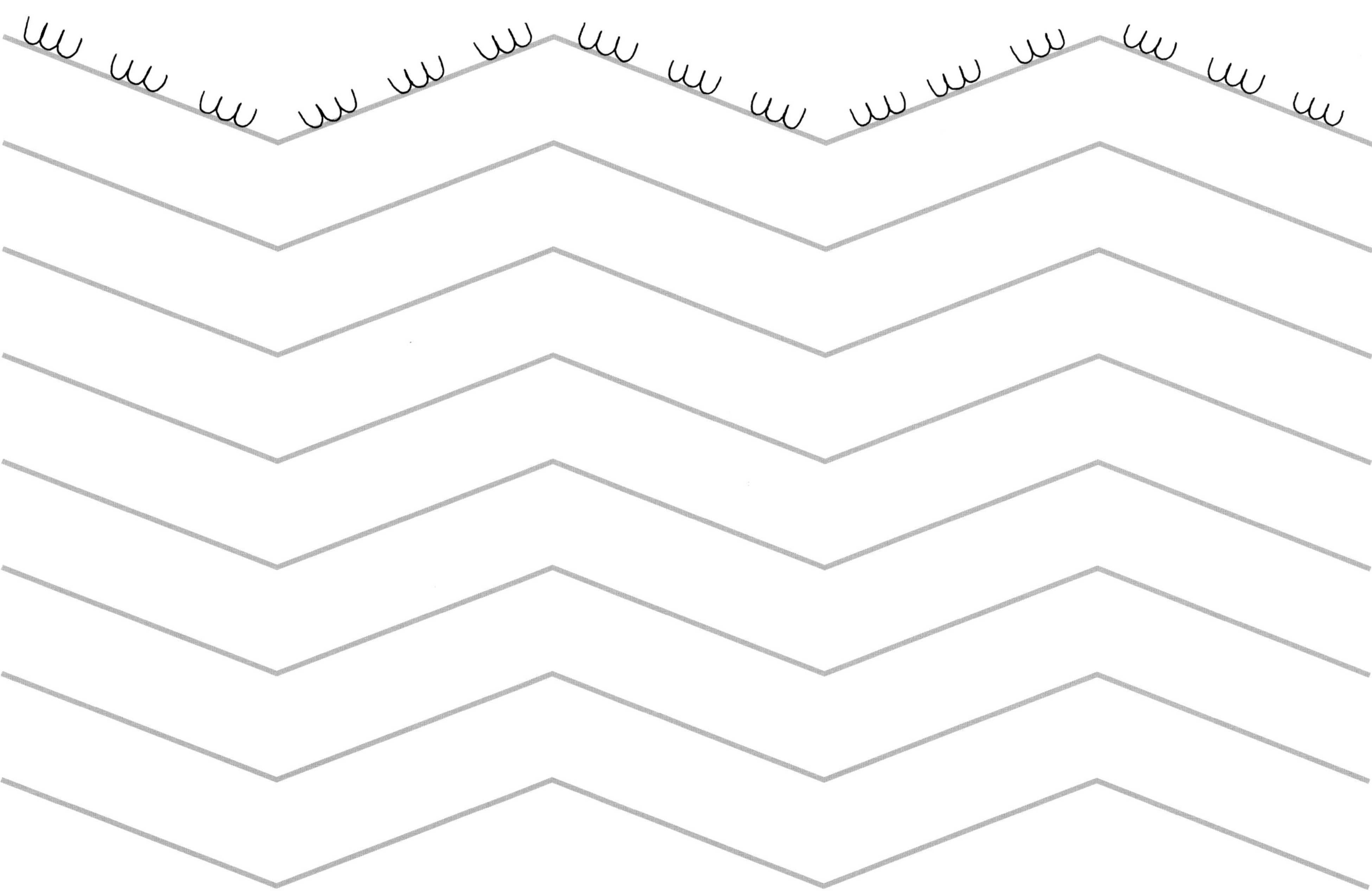

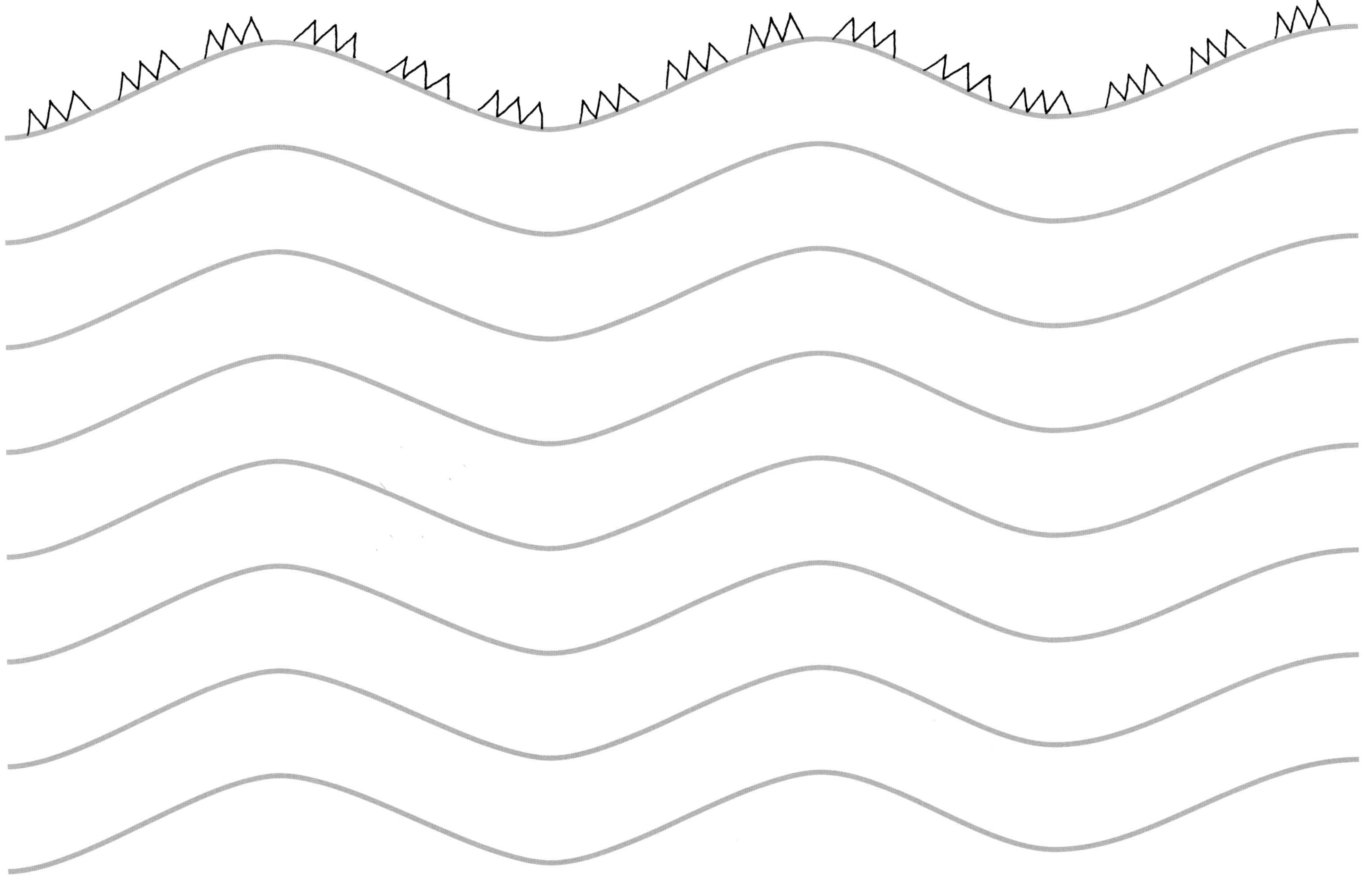

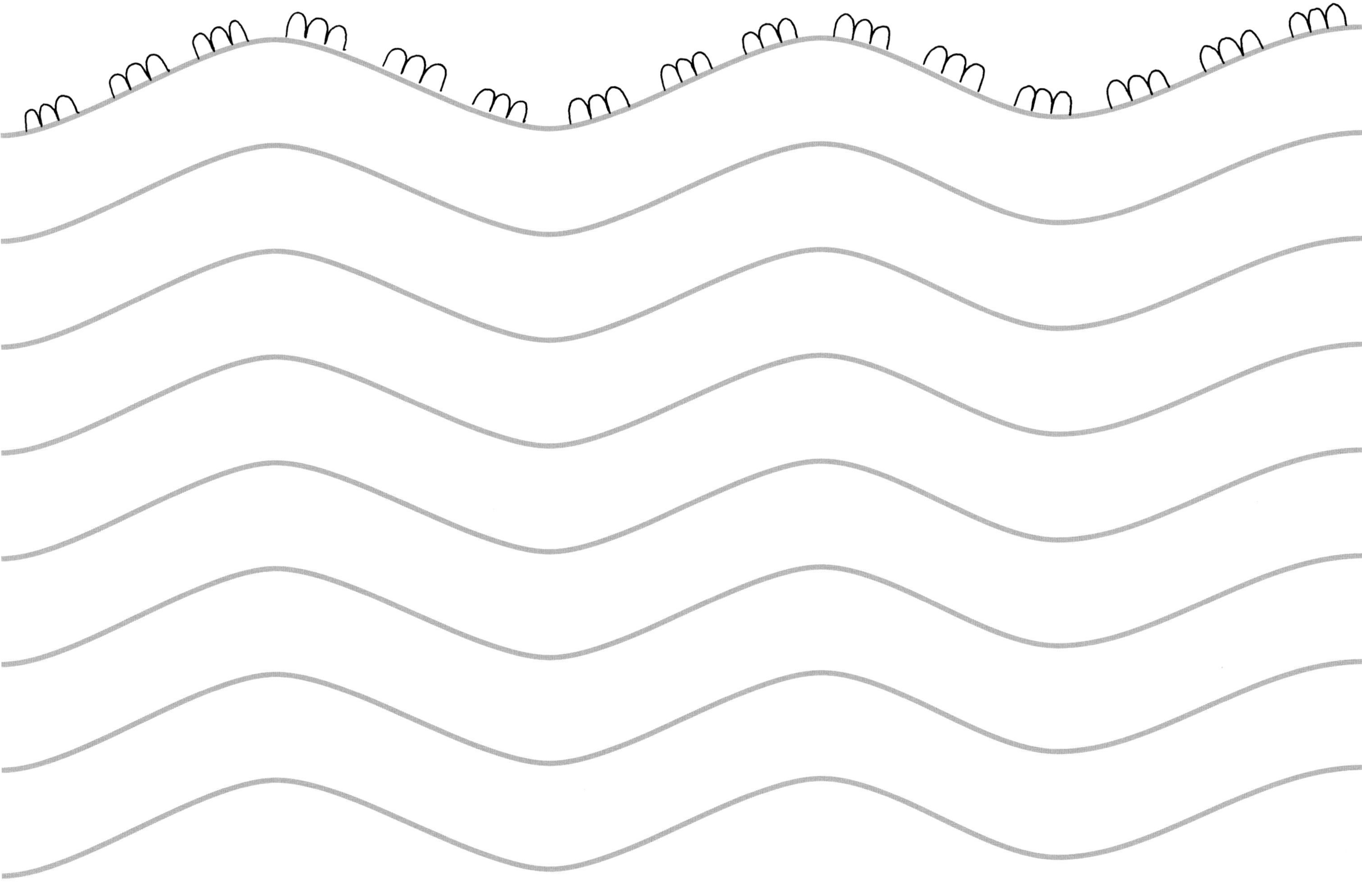

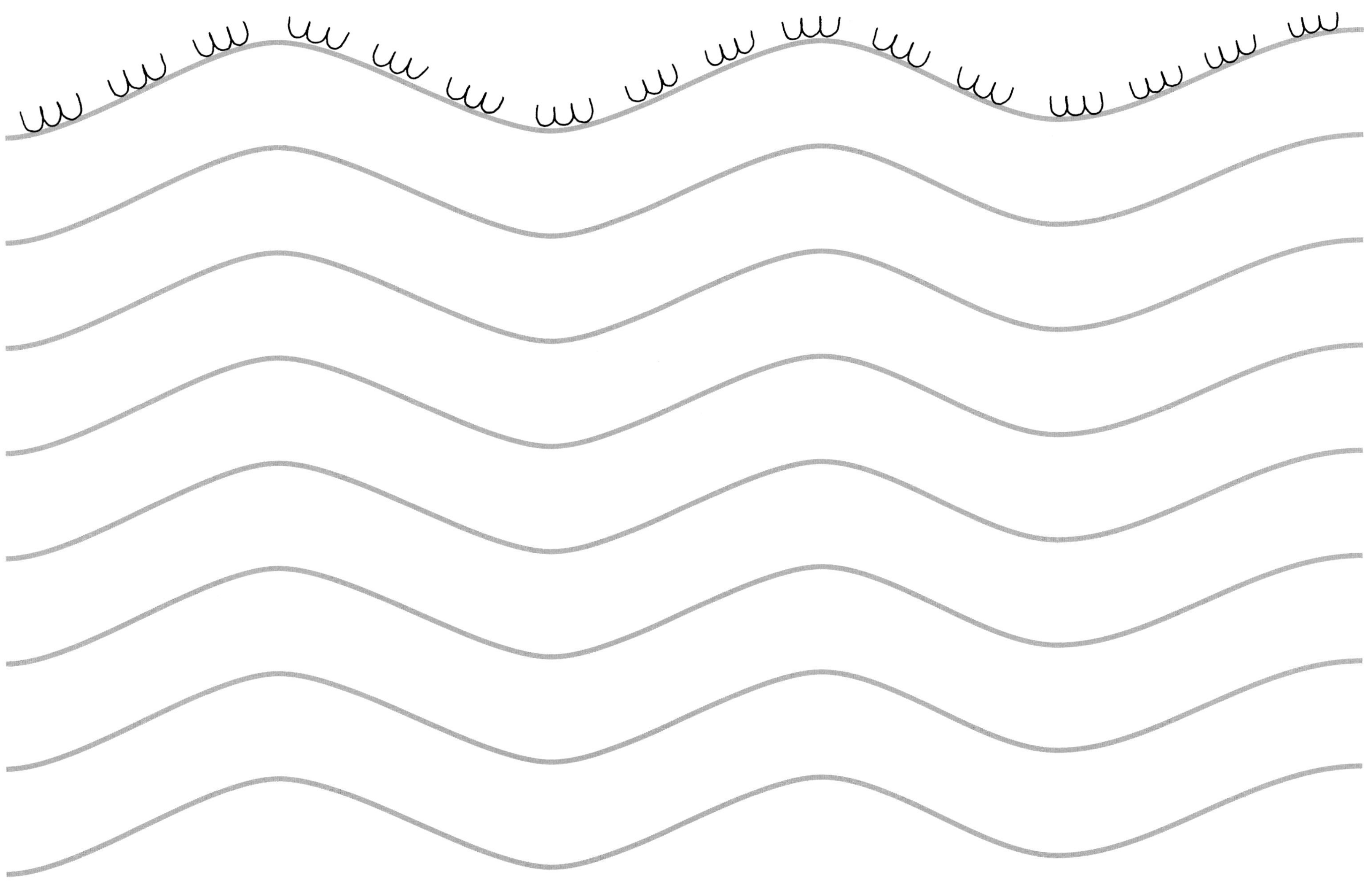

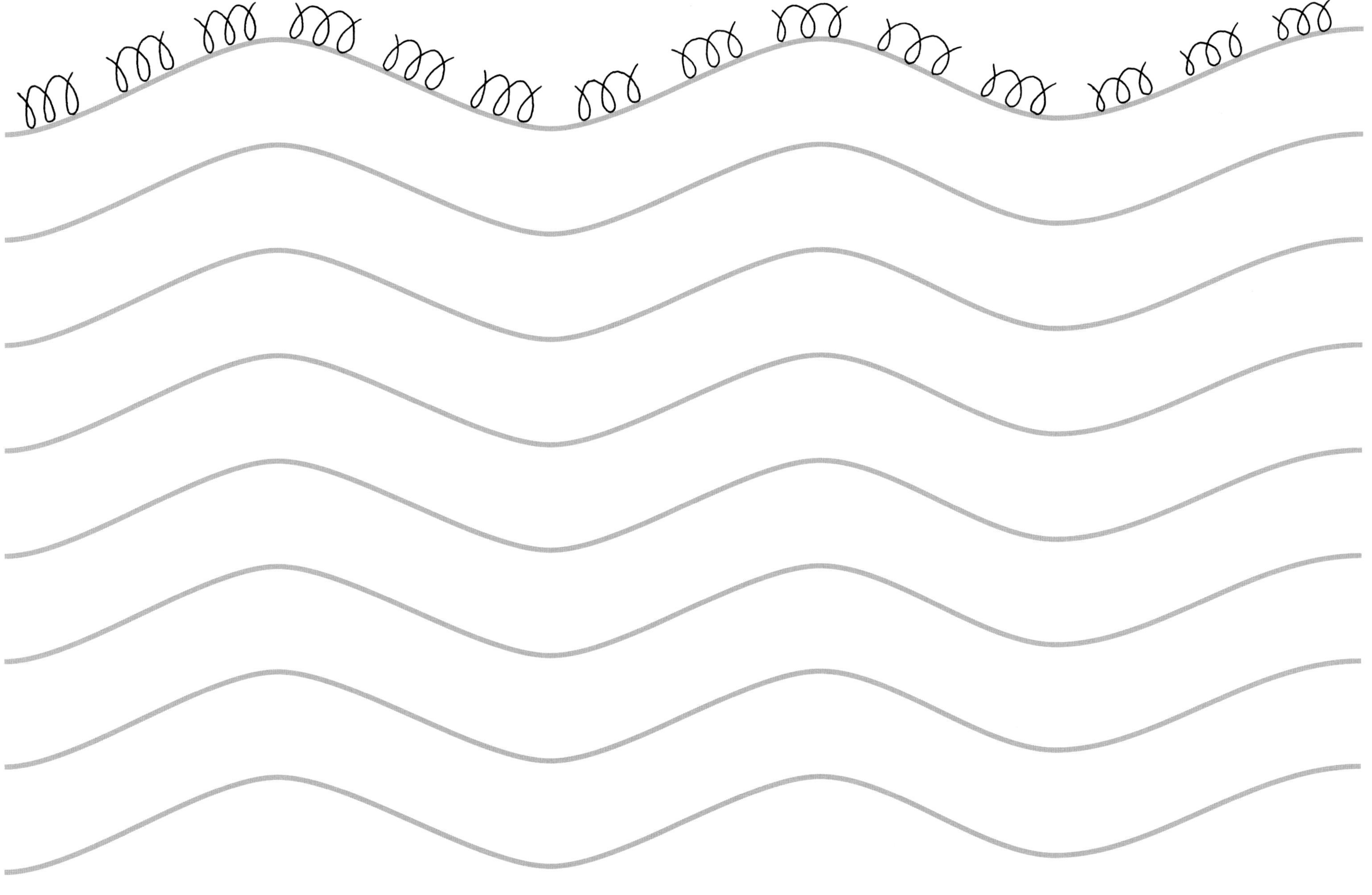

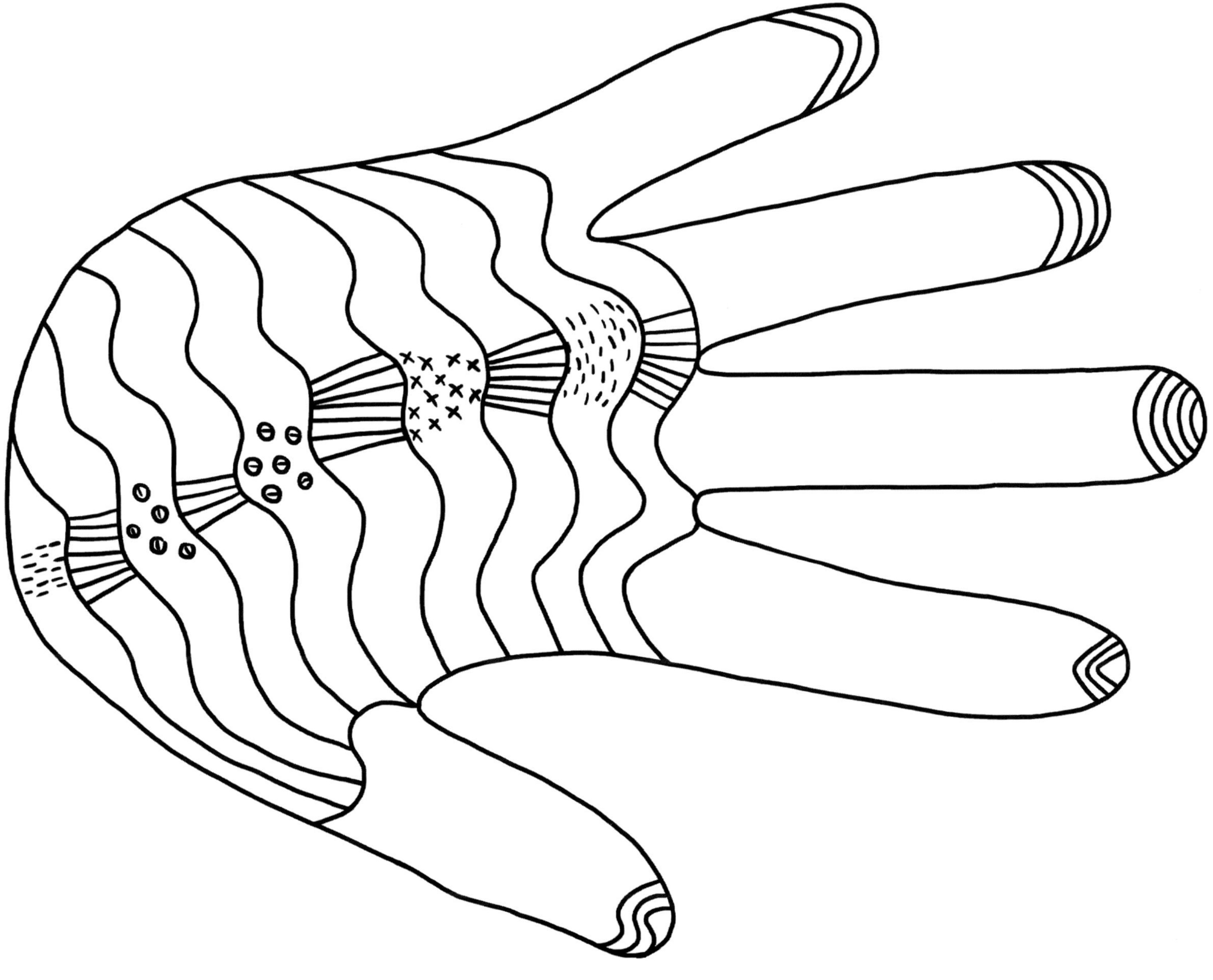

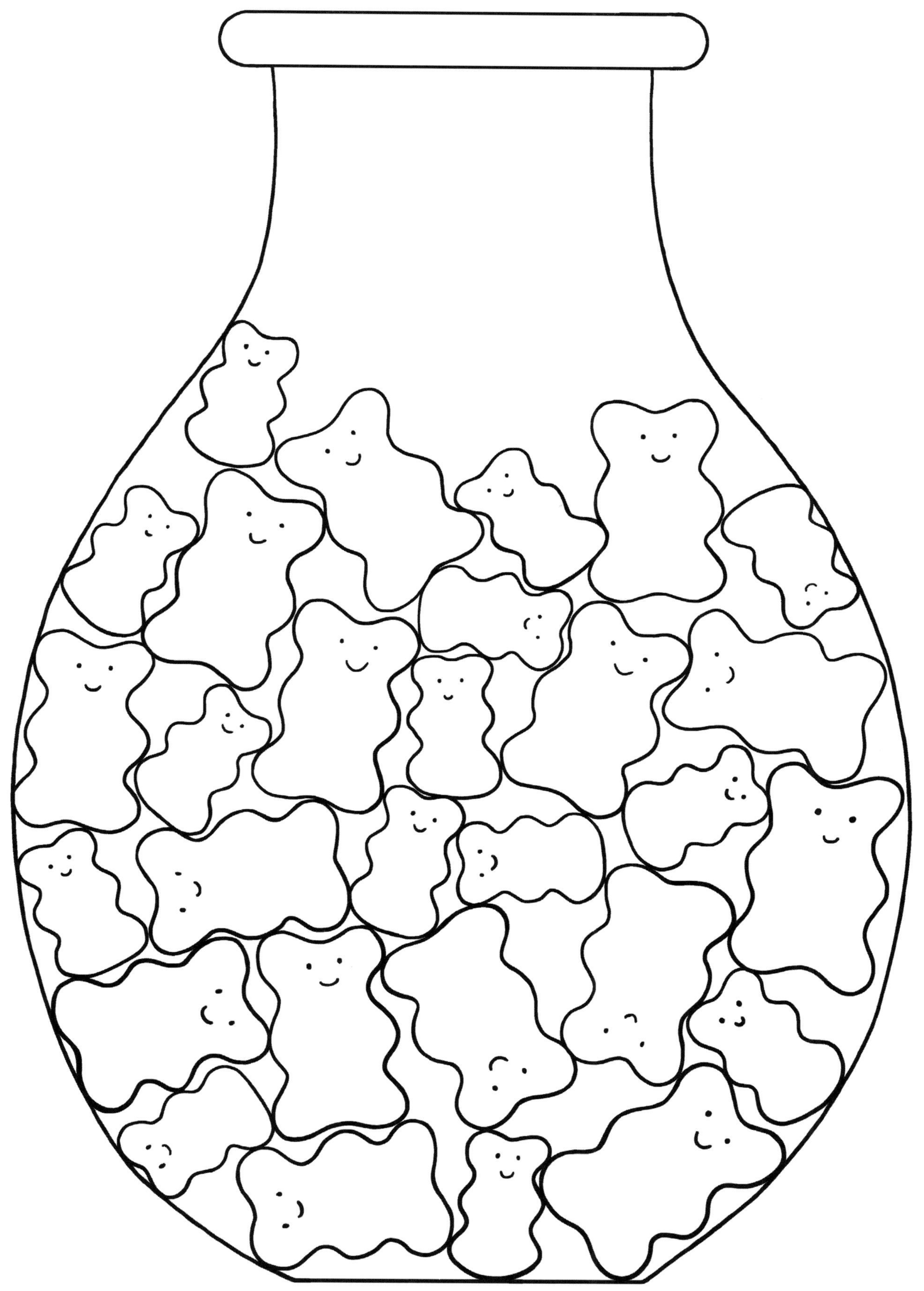